LES VISITES

AU LOUVRE,

PIÈCE EN UN ACTE, MÊLÉE DE COUPLETS,

PAR M^{rs}. PHILADELPHE et LUDWIG;

REPRÉSENTÉE, POUR LA PREMIÈRE FOIS, A PARIS, SUR LE THÉATRE DE LA GAÎTÉ, LE 30 SEPTEMBRE 1823.

,,,,,,,,,,,,,,,,,,,,,,,,,,,,,,,,,,

PRIX : UN FRANC.

,,,,,,,,,,,,,,,,,,,,,,,,,,,,,,,,,,

PARIS,

CHEZ QUOY, LIBRAIRE,

ÉDITEUR DE PIÈCES DE THÉATRE,

Boulevard Saint-Martin, N°. 18,

ET BARBA, LIBRAIRE, AU PALAIS-ROYAL.

1823.

PERSONNAGES.	ACTEURS.
M. BERNARD, ami des arts, habitant la campagne.	M. *Lequien.*
JOSÉPHINE, sa fille.	Mlle. *Dumouchel.*
M. MAYEUX, capitaliste.	M. *Parent.*
EUGÈNE, son neveu, amoureux de Joséphine. Mécanicien.	M. *Camiade.*
M. MARTIN, amateur enthousiaste. . .	M. *Mercier.*
M. FINOT, perfectionneur.	M. *Plançon.*
St.-ELME, fat anglomane.	M. *Francisque.*
M. BONNOT, bourgeois du marais. . .	M. *Joseph.*
Mme. BONNOT, son épouse.	Mme. *Mitonneau.*
St.-LÉGER, clerc d'avoué.	M. *Dumouchel.*
CONSTANCE, modiste.	Mlle. *Gougibus.*
FANCHETTE, paysanne au service de M. Bernard.	Mme. *Adolphe.*
BLAISOT, paysan.	M. *Hippolite.*
Un Commis marchand, personnage muet.	

La scène se passe sous le vestibule du Louvre. En province, on peut substituer à ce décor une place publique ou un portique à colonne.

Nota. Dans les troupes de province les rôles de *Finot,* *St.-Elme* et *St.-Léger* peuvent être remplis par le même acteur.

A V I S.

Les Pièces de Théâtre que je fais imprimer devenant ma propriété, par la cession que m'en font les Auteurs, je déclare que je poursuivrai, comme contrefacteurs, tous ceux qui, sans mon autorisation formelle, feraient imprimer tout ou partie des susdites Pièces.   QUOY.

IMPRIMERIE DE NOUZOU.

LES
VISITES AU LOUVRE,

PIÈCE EN UN ACTE.

Au lever du rideau , les curieux se pressent aux portes du Louvre.

SCÈNE PREMIÈRE.

CHŒUR.

Air: *Honneur à la musique.*

Honneur à l'industrie,
Honneur au nom Français,
Honneur à la patrie,
Honneur à nos succès. (*ter*).

(*Ils sortent*).

SCÈNE II.

MAYEUX *seul.*

Entrez ? entrez... quant à moi, cette exposition me casse les jambes... il faut avouer que je joue de malheur cette année, il est décidé que je ne trouverai pas, dans tous les inventeurs, un seul qui ait besoin d'argent.

Air: *Ce que j'éprouve en vous voyant.* (Romagnési).

Capitaliste connaisseur,
Aux beaux-arts j'offre une ressource;
De mes conseils et de ma bourse,
J'aide souvent un inventeur.
Des savans je suis protecteur,
De servir j'ai toujours l'envie,
Et si l'on me trouve obligeant,
C'est par amour pour la patrie,
Et c'est par amour pour l'argent.

Eh ! de quoi s'avise t-on de créer une société d'encouragement qui, sous la protection d'un gouvernement ami des arts, met à exécution les découvertes et fait des avances aux artistes. C'est nous ôter nos meilleurs pratiques et nous enterrer vifs... je suis pourtant bien raisonnable, 15 pour cent, si l'affaire manque, et si la réussite est complète, j'entre pour trois quarts dans les bénéfices. Je ne trouve qu'un solliciteur, mon neveu, un jeune fou, qui a rêvé qu'il était mécanicien, et qui, non content de me couper mes tables, rogner mes chaises, mettre sens dessus dessous mon bûcher, voudrait encore fourrer la main dans ma bourse pour y trouver le moyen d'élever ses machines; dieu me préserve d'une telle pratique... allons, le voilà encore.

SCÈNE III.

MAYEUX, EUGÈNE.

EUGÈNE.

Mon oncle! mon oncle! vous ne pouvez plus me refuser.

MAYEUX.

Est-ce que tu as trouvé une hypothèque?

EUGÈNE.

Ah! mon oncle, vous ne voudriez pas me prêter sur gage!

MAYEUX.

Sur gage? non, mais sur nantissement... voyons, qu'as-tu trouvé?

EUGÈNE.

Un moyen de simplifier mes rouages, qui doit apporter une grande économie, 5,000 fr. me suffiraient.

MAYEUX.

Ah! il ne faut que cela.

EUGÈNE.

Oui, mon oncle.

MAYEUX.

Eh! bien... cherche quelqu'un qui te les prête.

EUGÈNE.

Pourquoi n'avez-vous pas confiance en moi?

MAYEUX.

Laisse-moi donc tranquille... tu rêves toute la journée à une jeune fille, que tu as vu je ne sais quand, et qui est allée je ne sais où... eh! morbleu, entre deux soupirs, on ne fait pas de découverte dans les arts. L'amour est incompatible avec le travail comme avec la finance, aussi tu n'as jamais vu un capitaliste amoureux. Nous causerons après l'exposition, si tu as une médaille d'or, je pourrai peut-être t'avancer quelque chose.

EUGÈNE.

Vous feriez le bonheur de ma vie! alors j'aurai l'espoir d'obtenir la main de celle que j'aime, en prouvant à son père que je puis occuper un rang honorable dans la société... ah! si je savais quels lieux elle habite... si je pouvais faire des recherches.

MAYEUX.

Eh! bien, c'est-ça!.. avancez de l'argent à monsieur... il prendra de suite les célériferes, la malle-poste... les coucous.

EUGÈNE.

Ah! ma pauvre Joséphine.

MAYEUX.

Si j'ai un conseil à te donner, c'est d'aller faire un tour dans l'allée des Soupirs.

EUGÈNE.

J'apperçois M. Finot, je parie que vous allez encore conclure quelqu'affaire avec lui.

MAYEUX.

Cela me regarde.

SCÈNE IV.

MAYEUX, FINOT, EUGÈNE.

FINOT, *pensif.*

Ces diables de chapeaux ne me sortent pas de la tête... je suis coiffé de cette idée... il a quelque chose à faire dans cet article-là... l'inventeur fait ses fonds plats? je bomberai les miens... ses garnitures sont en coton? je ferai les miennes en soie... c'est plus léger, c'est plus français... il a inventé!.. je perfectionnerai... ses chapeaux sont d'osier imperméable? les miens seront d'osier imperméable et incombustible.

MAYEUX.

Alors on pourrait au besoin en faire un casque aux pompiers.

FINOT.

Ah! c'est vous, M. Mayeux, je vous trouve à propos, une affaire d'or ensemble.

MAYEUX.

S'il vous était égal de le garder pour un autre.

FINOT.

Quoi? vous ne voulez pas entrer avec moi dans les bénéfices d'un brevet?

MAYEUX.

Pas pour le quart-d'heure, j'en ai assez comme ça.

FINOT.

Comment, vous vous décourageriez pour quatre ou cinq petits échecs.

MAYEUX.

Hen!.. c'est que ce sont de ces petits échecs qui me mettraient bientôt dans l'impossibilité d'obliger les artistes et les manufacturiers; vous ne m'amenez pas toujours de bons cheus.

Air: *Vaudevile de la Somnambule*.

Votre émailleur, me souffla cent pistoles;
Votre exploiteur, m'enfonça dans les bois,
Votre inventeur, par de belles paroles,
Sut me blouser dans ses billards chinois;
J'ai vu, jusqu'aux essais chimiques,
Tromper ma pénétration,
Les marmites économiques
M'ont fait boire un fameux bouillon.

FINOT

Depuis que je m'occupe à perfectionner, par une fatalité inconcevable, je vous ai donné toutes les mauvaises affaires, mais je veux vous indemniser.

MAYEUX.

J'ai trouvé un moyen... il y aurait une belle opération dans votre genre.

FINOT.

Perfectionner.

MAYEUX.

Oui, le Diorama.

FINOT.

En vérité! vous n'êtes pas difficile... mais la spéculation est impossible.

Air: *L'hymen est un lien charmant*.

Combinant par un art nouveau
Et la lumière et la peinture,
L'artiste calquant la nature,
La reproduit dans un tableau; (*bis*).
Mais, pour contenter votre envie,
Il faut être un adroit lutteur.
Le bon sens, mon cher, vous convie,
Pour rendre égale la partie,

A dérober à l'inventeur
Et ses pinceaux et son génie.

C'est au-dessus de moi, j'ai pourtant fait des tours de force.

EUGÈNE.

Oui, témoin M. Lamèche, un des plus fameux lampistes de Paris, à qui vous avez escamoté un procédé.

FINOT.

Escamoté!.. quel mot dans les arts.

EUGÈNE.

Eh! bien, si vous l'aimez mieux, vous lui avez soufflé sa lampe à triple courant d'air.

FINOT.

Bagatelle... au fait, de quoi se plaignent les inventeurs?

EUGÈNE.

Je vais vous le dire.

Air : *D'Aristippe.*

Des ignorans, quand l'adresse féconde
De nos beaux-arts croit aider les progrès ;
Quand l'intrigant qui prospère en ce monde,
Vient du talent dérober les succès ;
Je crois voir le mulot parasite
Dévorer en un seul moment,
Le grain qu'hélas ! la fourmi dans son gîte
Pour son hiver amassa lentement.

MAYEUX.

Mais il lui reste ses cafetières, à M. Lamèche.

EUGÈNE.

On parle d'un tourneur qui en fait en bois.

FINOT.

En bois !.. comment chauffe-t-il donc le café.

EUGÈNE.

Au bain-marie.

MAYEUX.

Et ses baignoires.

EUGÈNE.

Ce n'est plus dans sa partie. On en fait en cuir.

FINOT.

Et même en taffetas.

MAYEUX ET EUGÈNE.

En taffetas !

FINOT.

Gommé, messieurs !.. meuble extrêmement portatif, baignoire de poche, découverte charmante... M. Mayeux, si cette affaire ne vous sourit pas, j'ai mon homme.

MAYEUX.

Vous dites toujours cela.

FINOT.

Vous connaissez M. Renard, rue du Coq, N°. 13, il fait mes fonds. Par état et par goût, il place son argent dans tout ce qui est beau.

EUGÈNE, *à part.*

M. Renard, rue du Coq, N°. 13, saisissons la balle au bond, je vais lui écrire une lettre dans ce bureau d'écrivain.

(*Il entre dans le bureau*).

SCÈNE V.

MAYEUX, FINOT.

MAYEUX.

Voilà Eugène qui a une inspiration, il va sans doute transcrire quelque romance pour le chansonnier des Grâces de 1824.

FINOT.

Mais je croyais qu'il travaillait à la mécanique.

MAYEUX.

Il fait comme Maître-Adam, il rabotte en chantant.

FINOT

Avez-vous déjeûné, M. Mayeux ? (*à part*). Je vais le prendre entre le Châblis et la Côte-St.-Jacques.

MAYEUX.

Oh! merci, vous savez bien que je ne déjeûne plus avec vous. Si j'ai été mis dedans, trois fois dans ma vie, c'est toujours à un déjeûner. Les affaires paraissent trop belles chez le restaurateur.

FINOT.

Eh! bien, un petit verre au café Momus, c'est sans conséquence.

MAYEUX.

Accordé.

Air: *De la treille de sincérité.*

Dans le commerce,
Où je m'exerce,
Moi, je regarde avec frayeur,
La maison d'un restaurateur ;

La table a le pouvoir magique
De trop nous rendre accommodans.
Plus d'un marchand par sa pratique,
Parfois s'est vu mettre dedans,
Le Champagne sur une affaire,
Jette un brillant et faux éclat ;
C'est en déjeûnant qu'un libraire
Fit l'emplette du Renégat.

Dans le commerce, etc.

FINOT.

Dans le commerce
Qu'il exerce,
Mayeux regarde avec frayeur
La porte d'un restaurateur.

SCÈNE VI.

JOSÉPHINE, FANCHETTE, BLAISOT.

FANCHETTE.

Tenez, tenez, mamzelle Joséphine, mettons-nous là. J'ons perdu M. Bernard et puis M. et Mᵐᵉ. Bonnot ; ils viendront nous joindre. Ou, pardienne, c'qui vaudra mieux, Blaisot va les aller chercher.

BLAISOT.

Mais me faudra faire la queue.

FANCHETTE.

Eh ! ben, tu la feras, mon p'tit rougeot. (*Elle le pousse pour le faire sortir et lui frappe sur la joue*).

SCÈNE VII.

JOSÉPHINE, FANCHETTE.

JOSÉPHINE.

Comment, tu veux attendre ici ?

FANCHETTE.

Pourquoi pas, on est aussi ben ici qu'ailleurs ; je sommes moins chaudement que dans ces belles salles.... eh ! ben, mamzelle, la vue de Paris, est-ce que ça vous ragaillardit pas. Ce M. Eugène vous tient donc ben au cœur ?

JOSÉPHINE.

Air :

Doux et complaisant à l'extrême,
Il me répétait chaque jour

Visites au Louvre.   2

Qu'il aurait le bonheur suprême,
Si je le payais de retour.

FANCHETTE.

Sachant ben c'qui nous désarme,
Sans dout' qu'il versa plus d'un' larme.

JOSÉPHINE.

Plus d'une larme.

FANCHETTE.

On fait dans not' pays,
L'amour comme on l'fait à Paris.

Deuxième Couplet.

JOSÉPHINE.

Quand Eugène par sa présence,
Venait suspendre mes travaux,
Il me chantait une romance,
Ou parlait des romans nouveaux.

FANCHETTE.

Est-c'qu'il n'obtint pas quelque gage.

JOSÉPHINE.

Un seul baiser, pas davantage.

FANCHETTE.

Pas davantage :
Les fill's dans not' pays
Sont plus généreus's qu'à Paris.

SCÈNE VIII.

JOSÉPHINE, EUGÈNE, FANCHETTE.

EUGÈNE, *une lettre à la main.*

Si je pouvais réussir!.. allons porter ma lettre.

JOSÉPHINE, *appercevant Eugène.*

Ah! mon dieu... Fanchette! Fanchette... c'est lui.

FANCHETTE.

Qui lui ?.. M. Eugène.

EUGÈNE, *se retournant.*

Je ne me trompe pas.

FANCHETTE.

Mamzelle Joséphine, le v'là qui nous r'garde, le v'là qui rappoche.

EUGÈNE.

Mademoiselle... c'est elle!

FANCHETTE.

Il paraît que c'est lui !

EUGÈNE.

Que je suis heureux d'une rencontre que le hasard a fait naître. Pourquoi m'avoir laissé ignorer la demeure de votre père ? votre silence m'a beaucoup affecté.

FANCHETTE.

C'est vrai ça, mamzelle, il fallait ly écrire à ce garçon. Moi, y m'plaît tout plein. (*à part*). A-t-il l'air calin.

EUGÈNE.

Je me serais efforcé de mériter l'estime de M. Bernard ; et j'aurais eu pour vous les sentimens d'un frère, jusqu'au moment où mon travail, soutenu par l'espérance, eut réparé les torts de la fortune à mon égard.

JOSÉPHINE.

Eugène, j'ai toujours pensé à vous.

FANCHETTE.

Et elle n'a pas fait qu'd'y penser, car dieu marci, nous en avons assez parlé.

JOSÉPHINE.

Ah ! mon dieu, j'apperçois la société dont nous étions séparées... Eugène... quittez-nous. (*Elle jette un coup-d'œil de regret sur Eugène et va rejoindre madame Bonnot*).

EUGÈNE.

Mais quelle est votre adresse ?..

FANCHETTE, *le retenant.*

J'vas vous la dire... j'crains pas qu'on jase, moi ; et quand vous voudrez venir cheux nous, le père et la fille vous recevront ben, ah ! les braves gens ! les braves gens !

SCÈNE IX.

JOSÉPHINE, EUGÈNE, Mᵐᵉ. BONNOT, M. BONNOT, St.-LEGER, CONSTANCE, M. MARTIN, FANCHETTE.

CHŒUR.

Honneur à l'industrie,
Honneur, etc.

MAD. BONNOT.

J'étais inquiète de vous, ma chère Joséphine, il me tardait de vous retrouver.

JOSÉPHINE.

Je ne le désirais pas moins que vous, madame.

BONNOT.

Si vous ne vous dépêchez pas plus que cela, Mme. Bonnot, certainement nous trouverons le dîner froid.

MAD. BONNOT.

Mais un instant, M. Bonnot, nous attendons M. Bernard, d'ailleurs.

BONNOT.

Il est prévenu qu'on ne l'attendra pas.

ST.-LÉGER, *à Constance.*

Vous devez être fatiguée, ma cousine.

CONSTANCE.

Nullement, je ferais encore un tour volontiers.

BONNOT.

Partons!.. partons!

MARTIN, *accourant.*

C'est ce que nous verrons, M. Bonnot? vous osez, sous le portique même du Louvre, prononcer ce mot, partons.

MAD. BONNOT.

A la bonne heure, M. Martin... toujours enthousiaste de ce qui est beau, vous êtes...

MARTIN.

Véritable avocat des arts.

Air: *Vaudeville des Blouses.*

On voit hélas! trop de gens dans le monde,
Qui s'érigeant en caustiques censeurs,
Vont chaque jour clabaudant à la ronde,
Du vrai talent s'avouer détracteurs.
Dans les salons où parfois je harangue,
D'être indulgent je me prescris la loi;
Aucun venin n'empoisonne ma langue,
Car j'applaudis à tout ce que je vois.
Jamais, jamais, mon zèle ne déroge,
Chaque coiffeur, pour lui m'a trouvé là;
Et dans Paris, j'ai colporté l'éloge
De la Titus, de la Caracalla.
De maint chapeau j'ai protégé la vente,
Et l'on a vu ma tête aux boulevards,
Se dérober sous la forme attrayante,
Des Morillos et puis des Bolivards.
Le premier bec qui lança l'hydrogène,
Fut, pour mes yeux un spectacle si beau,
Que je restai pendant une semaine,
Sous un quinquet du passage Feydeau.

Je n'aime pas qu'un mauvais plaisant berne
Ceux qui chez nous remplacent Apollon,
Moi, j'applaudis chaque ouvrage moderne,
Et de l'auteur, je deviens le plastron.
Aux envieux, je fais baisser l'oreille,
Sachant à tous, prouver d'un ton décent,
Qu'il est chez nous encor plus d'un Corneille,
Et que Molière a plus d'un remplaçant.
Grâce à ma voix qui loue avec franchise,
Par les passans je fais prendre à prix faits,
Des Juifs errans toute la marchandise,
Et les romans mis sur les parapets.
Sur les dessins de plus d'un géographe,
* Je fais le tour en un moment;
A mon retour devant un lithographe,
J'admire encor le chien du régiment.
Je vante à tous une ville étrangère,
Qu'un confiseur fait avec beaucoup d'art,
Et les sorbets qu'un glacier populaire
Vend tous les soirs deux sous au boulevard.
On peut en moi mettre sa confiance,
Et d'un succès le mérite a l'espoir,
Mon seul plaisir, voilà ma récompense,
Car c'est gratis que je tiens l'encensoir.

Comment ces dames ont-elles trouvé notre exposition?

CONSTANCE.

Charmante! nous l'avons vue en détail.

MARTIN.

Je suis bien certain que vous n'avez pas pu tout admirer?..
par exemple la canne hydrolique.

MAD. BONNOT.

Une canne hydrolique.

MARTIN.

C'est une invention qui fera fermer plus d'un café.

Air: *Du vaudeville de l'homme vert.*

Par cette invention heureuse,
Chacun se verra délier
De la nécessité coûteuse
D'entrer chez un limonadier.
Dans sa canne un propriétaire,
Selon la boisson qu'il chargeat,
Trouvera son verre de bierre,
Ou bien son caraffon d'orgeat.

M. St.-Léger, vous avez sans doute remarqué le taille-
plume; si vous vous livrez à la noble profession d'écrire, je
vous recommande cet instrument.

Air: *Vaudeville de la Robe et les Bottes.*

La plume est une arme perfide,
Souvent ses coups sont dangereux,

---

* Je fais le tour du monde en un moment;

Il faut que celui qui la guide
Soit franc, loyal et généreux ;
Prenant toujours pour devise et coutume
L'amour sacré des lois et de la paix,
Ne taillez jamais votre plume
Que pour l'honneur du nom français.

Ces dames ont-elles pris des adresses de nos fabricans.

BONNOT, *à part.*

Voilà qu'il va faire naître quelques idées à ma femme.

ST.-LÉGER, *à part.*

J'ai bien peur d'être obligé d'écorner mon trimestre de pension.

MAD. BONNOT.

J'ai surtout admiré les barrèges, les cristaux opales, et les bougies diaphanes.

BONNOT.

Et moi, madame, d'après le journal de Paris, j'ai remarqué les ceintures en cuir, attendu qu'elles ne se frippent pas ; les voiles verds, attendu qu'ils sont toujours blancs ; les robes écossaises, attendu que si l'on y fait quelque trou, elles sont susceptibles d'être rapiécées comme l'habit d'arlequin, sans qu'il y paraisse.

FANCHETTE.

Ah ! les inventeurs n'ont pas travaillé que pour les riches de la ville, ils ont aussi pensé aux paysans, aux pauvres malheureux. Ah ! il y a de belles charues... si j'avions celle à trois lames, comm' la petite jument grise se fatiguerait ben moins... et ce moulin à bras !.. il moud l'grain, passe la farine... et remplit les sacs en même temps... et ce grand cadran qui coûte presque rien... où il y a dessus, horloge de village.. on dit qu'on va en faire mettre dans tous les hameaux, alors...

Air : *Sous l'étendard du bon roi St.-Louis.*

Les paysans n's'ront plus dans l'embarras,
Car, dans les champs, ou ben dans leurs demeures,
Pouvant chaque jour, agir d'après les heures,
Ils régleront leurs travaux et leurs pas ;
Le laboureur au moment d'la dînée,
N'fra plus attendr' sa femme et ses enfans,
Et les amans, à la fin d'la journée,
Au rendez-vous, arriv'ront en même temps.

CONSTANCE

Quant à moi, ce qui m'a le plus frappée, ce sont les cachemires français ; réellement, on les distingue à peine des autres. C'est dommage qu'ils soient si chers.

ST.-LÉGER.

J'aime mieux l'élégante simplicité d'un fichu de tulle noir.

MARTIN.

Fi donc! fi donc! vous me permettrez de ne pas être de votre avis. C'est comme si madame préférait les bouquets en batiste gauffrée aux fleurs en baleine.

MAD BONNOT.

Des fleurs en baleine, est-il possible!

MARTIN.

Elles ont une transparence, une vérité!.. si j'étais papillon, je viendrais m'y poser.

BONNOT.

Je n'y ai pas vu de différence.

MAD. BONNOT.

(*Elle ôte en cachette le bouquet qu'elle a sur son chapeau, le cache, et feint de le chercher*).

Il me vient une idée.

CONSTANCE, *ôtant son sautoir, à part.*

Tentons un dernier effort sur la générosité de mon cousin... (*haut*). St.-Léger, j'ai perdu mon sautoir...

MAD. BONNOT.

Mon mari, je n'ai plus ma tubéreuse, il m'est impossible certainement de me rendre avec un chapeau sans ornement jusqu'à la rue Charlot.

CONSTANCE.

Je ne rentrerai assurément pas mise de la sorte... que dirait-on?.. une modiste de la rue Vivienne sans fichu.

MARTIN.

Heureusement, mesdames, qu'il vous est facile de réparer votre accident, votre mari... votre cousin...

ST.-LÉGER.

Allons! mon trimestre va y passer.

CONSTANCE.

St.-Léger, soutenez-moi, je ne suis pas habituée à me voir dans un pareil désordre.

MARTIN.

M. St.-Léger, un évanouissement! vous n'avez pas un moment à perdre... l'attaque de nerfs va s'en suivre... chez une femme contrariée, l'un ne va jamais sans l'autre.

BONNOT, *voyant sa femme s'évanouir.*

Eh! bien, ça la gagne, il paraît que c'est épidémique.

MARTIN.

Ah! M. Bonnot, un mari français ne sacrifie pas sa femme pour une pièce de 20 fr. Allons! allons! mesdames, encore un tour à l'exposition. Moi, je vais me rendre chez les fabricans, et dans une demi-heure, leurs commis nous attendront à la porte avec ce que j'aurai choisi.

Air : *A la Monaco.*

Calmez, calmez ce trouble extrême,
  Qu'il cesse soudain,
  Daignez prendre ma main,
Et réparons à l'instant même,
  Le désagrément
  De votre ajustement.

(*à Bonnot et à St.-Léger*).

Allons, messieurs, il faut venir,
Car avec la femme qu'on aime,
C'est, dit-on, un bien doux plaisir
Que de satisfaire un désir.

Calmez, etc.

MAD. BONNOT ET CONSTANCE.

Calmons, calmons ce trouble extrême,
  Qu'il cesse soudain,
  J'accepte votre main,
Et réparons, etc.

(*Ils entrent au Louvre, Martin passe d'un autre côté*).

SCÈNE X.

EUGÈNE, FANCHETTE.

FANCHETTE.

Moi, j'reste là, j'attends Blaisot... (*à Eugène*). Eh! ben, allez donc.

EUGÈNE.

De grâce, apprenez-moi la demeure de M. Bernard.

FANCHETTE.

Comment, je ne vous l'ai pas encore dit. C'est à Villeneuve St.-George, à côté de l'hôtel de Lyon, près des deux acacias, la p'tite maison verte... vous restez encore là ?

EUGÈNE.

Je crains de déplaire.

FANCHETTE.

Eh ! ben oui. (*Elle le pousse pour le faire sortir*).

SCÈNE XI.

FANCHETTE, *seule.*

Blaisot n'revient pas. Allons ! est-c'qu'il m'a plantée là...
oh ! non, non.

Air : *Le beau Licas aimait Thémire.*

Au villag' c'est comme à la ville,
Quand un' fill' se laisse enjoler ;
L'amant cesse d'être docile,
Même on l'voit bentôt s'en aller ;
Moi , quand Blaisot m'cont' qui m'adore,
Je l'crois , sans m'attendrir pour ça ,
Puisque c'garçon soupire encore ,
Je somm' ben sûr' qu'il reviendra.

Ah ! l'voici ! eh non ! c'n'est pas lui, queu qui fait donc ? Il
faut que j'le demande à c'monsieur ; il a l'air bonne personne.

SCÈNE XII.

MAYEUX , FANCHETTE.

FANCHETTE.

Pardon si j'vous demande excuse ; mais ous qu'il est Blaisot ?

MAYEUX.

Blaisot ?

FANCHETTE.

Eh ! ben oui , Blaisot ; est-c'que vous n'le connaissez pas ?

MAYEUX.

Ma foi , non.

FANCHETTE.

Tiens, il n'connaît pas Blaisot... c'est un compagnon me-
nuisier de Villeneuve St.-George , et habile j'dis... il a laissé
sa varlope pour me prendre l'bras , et j'sommes venus à Paris
avec not' bourgeois voir l'exposition.

MAYEUX.

Diable , il paraît qu'on est curieux à Villeneuve St.-George.

FANCHETTE.

Pourquoi donc pas.

MAYEUX.

Vous ne pouviez pas mieux vous adresser qu'à moi.
(*Ils vont pour entrer au Louvre*).

SCÈNE XIII.

MAYEUX, MARTIN, FANCHETTE.

MARTIN.

Ah! vous voilà, M. Mayeux, la rencontre est heureuse.

MAYEUX.

Auriez-vous encore quelque proposition avantageuse à me faire. J'aime l'argent de mon pays autant que vous aimez sa gloire.

FANCHETTE.

Si c'est comme ça qu'il protège les découvertes! il est bon là.

MARTIN.

En me promenant, j'ai vu plusieurs pièces d'exposition qui vous conviendraient. Les propriétaires cherchent à céder.

MAYEUX.

Ah! on peut en causer.

MARTIN, *à part.*

Pour lequel parlerai-je le premier... commençons par M. Clairet. (*haut*). Avez-vous remarqué les bouteilles en forme de volume ?

MAYEUX.

Je parie que vous voulez me parler de l'esprit des auteurs en bouteilles.

MARTIN.

Précisément.

MAYEUX.

L'invention est originale.

Air : *Restez, restez troupe jolie.*

J'approuve la mode nouvelle
De renfermer dans un flacon,
Une liqueur qui nous rappelle
Chapelle, Favard ou Piron ;
C'est payer au jus de la treille,
La dette des auteurs chéris,
Et reporter dans la bouteille,
L'esprit qu'elle versa jadis.

FANCHETTE.

L'esprit d' notr' maîtr' d'école fournirait ben sa demi-chopine.

MARTIN.

Peut-être préférerez-vous l'entreprise de M. Lacasse, ce

faïencier, qui vient de mettre sur ses assiettes les beautés de l'histoire de France.

Air : *Dans son castel, Dame du haut lignage.*

Du nom Français, chaque titre à la gloire,
Est sur les plats à nos regards offerts,
　　Et l'on peut faire un cours d'histoire,
　　Du potage, jusqu'au dessert.
Dans ce travail, l'auteur, on peut le dire,
Pour les gourmands est vraiment obligeant,
En s'amusant, heureux qui peut s'instruire,
Mais plus heureux qui s'instruit en mangeant.

FANCHETTE.

On devrait ben en envoyer une douzaine à l'enseignement mutuel de cheux nous, ça ferait un musé deum.

MARTIN

Cela ne m'empêchera pas de vous proposer, tout le magasin d'instrumens de M. Soufflant, et surtout sa clarinette sans âme, ses bases d'harmonie en cuivre, et ses pianos à triple échappement.

MAYEUX.

Encore avec vos instrumens ? vous savez bien que je n'aime pas la musique.

FANCHETTE.

Il est ben difficile, c' monsieur-l'à.

MARTIN.

Il faut que je vous fasse revenir de cette idée.

Air : *Pour devenir l'oracle à la mode.* (du Premier prix).

A la musique ici je rends hommage,
Pour se défendre elle aura mon secours,
Cet art m'inspire et j'aurai le courage
De le vanter même devant des sourds.
Brûlant hélas ! d'une très-vive flamme,
Orphée un jour descendit aux enfers ;
Sauf à pleurer le retour de sa femme,
Par un accord il sut briser ses fers.
Et d'Amphion connaissez les prodiges,
Son luth puissant éleva des maisons,
Et par l'effet de ses divins prestiges,
Il bâtit Thèbe en dépit des maçons.
Plus d'un artiste, hélas ! sur cette terre,
Du dieu Plutus, n'ayant pas la faveur,
En son gosier trouve un dieu tutélaire,
Qui le transporte au dîner d'un seigneur.
Au bon vieux temps, chez nous on vit la gloire,
Naître aux accens des nobles troubadours,
Mais aujourd'hui pour charmer la victoire,
Nous l'appelons au doux son des tambours.

Plus d'un amant dont la bouche discrette,
N'a pas osé prononcer un serment,
Par sa guitare obtient un interprête,
Qui fait l'aveu de son doux sentiment.
L'assortiment d'une grande importance,
Doit être encor celui du flageolet,
Car il n'est pas un seul village en France,
Qui n'ait au moins deux ou trois Colinet.
De Rossini, le systême harmonique,
Aux instrumens offre un très-prompt débit,
Il sert notre art, selon lui la musique,
Devient sublime alors qu'elle étourdit.
Au boulevard où chaque acteur raisonne,
Au son réglé du cor et du basson,
Ne faut-il pas et timballe et trombonne,
Et le tamtam qui donne le frisson.
Le violon qui convie à la danse,
Parmi nos goûts sera toujours compté,
Car, il vivra, tant que dans notre France,
Nous garderons l'esprit et la gaîté.

FANCHETTE, *à part.*

Puisqu'ils ont l'air de tant aimer les machines, j'vas leur parler d'notr' maître. (*haut*). J'vas vous raconter une p'tite menuiserie d'l'invention d'not' bourgeois.

MARTIN.

J'ai bien le temps d'écouter des histoires, durant l'exposition.

FANCHETTE

Vous n'êtes pas gêné, la place est libre, eh! bien, trottez...

MARTIN.

Sans adieu, M. Mayeux.   (*Il sort*).

MAYEUX.

Je vous suis...

SCÈNE XIV.

FANCHETTE, MAYEUX.

FANCHETTE, *l'arrétant.*

Ah! vous n' vous en irez pas, c'est une autre affaire... après c'que vous m'avez dit tantôt, il faut que vous m'écoutiez... vous connaissez ben un fiau.

MAYEUX.

Comment, un fiau.

FANCHETTE.

D'où donc qui sort lui, il ne sait pas ce que c'est qu'un fiau... ah! ben, c'est pour battre en grange.

MAYEUX.

Ah! un fléau.

FANCHETTE.

Eh! oui, un fléau.

Air : *De Laurence de Ste.-Assise.*

L'premier avance,
L'autre r'cul' par prudence,
Puis en cadence,
L'écho répond au son :
Pon, pon, pon, pon, (*bis*).
Puis le fiau va,
Le fiau va
En cadence,
Puis le fiau va,
Le fiau va,
L'grain s'bat.

Deuxième Couplet.

Une amoureuse
Qu'est là comm' balayeuse,
R'dit sa chanson,
Et l'écho lui répond :
Pon, pon. pon, pon,
Et le fiau va, etc.

Notre maître à trouvé le moyen de battre huit sacs de bled en une heure avec une manivelle.

MAYEUX.

Diable, c'est curieux cela... continuez.

FANCHETTE.

Chut!... v'là not' maître, il m'a défendu de parler de ça, parce qui paraît, voyez-vous, qu'il n'veut pas l'exécuter, c't'homme.

MAYEUX.

Il ne peut peut-être pas, ah! je vais en causer avec lui.

SCÈNE XV.

FANCHETTE, MAYEUX, BERNARD, BLAISOT.

FANCHETTE

Arrivez-donc, not' maître.

MAYEUX, *à Bernard.*

Monsieur, enchanté de faire votre connaissance, je vous fais mon compliment de votre découverte en agriculture ; se livrer à ce noble travail est le plus beau droit qu'on puisse acquérir à la reconnaissance des hommes.

FANCHETTE.

C'est moi qu'a parlé.

BLAISOT.

Tu ne peut donc jamais se taire, toi.

BERNARD.

Monsieur, puisque vous êtes dépositaire de mon secret, je vous prie de ne pas le divulguer.

MAYEUX.

Eh! bien, voilà une singulière méthode... au contraire, monsieur, si je possédais les cent bouches de la renommée, je les ouvrirais toutes à-la-fois pour proclamer une découverte qui doit procurer aux propriétaires agricoles, une économie considérable.

BERNARD.

C'est ce résultat que je redoute, j'aime les arts, monsieur, mais je ne crois une découverte glorieuse qu'alors qu'elle ne préjudicie à personne, et que l'intérêt général ne blesse aucun intérêt particulier.

MAYEUX.

Cela est une question d'économie politique.

BERNARD.

Elle est résolue dans mon cœur. Dites-moi, monsieur, à l'époque de la moisson, les habitans des cantons stériles se portent en masse dans les parties les plus fertiles de la France, ils fondent l'existence de leur famille sur un travail qu'ils vont chercher loin de leur femme et de leurs enfans. Les propriétaires les accueillent; par eux, la terre est dépouillée de son riche produit, le grain est séparé de la paille et entassé dans nos greniers, et le pauvre, rassuré sur son hiver, porte en toute hâte à sa famille le morceau de pain qu'elle attend. Supposez maintenant une machine qui ferait par jour l'ouvrage de cent bras; sans doute, le propriétaire serait plus riche, mais ne se mêlerait-il pas de l'amertume à son bonheur, si, fermant sa porte aux malheureux qu'il nourrissait jadis, il ne leur laissait pour partage que la faim et le désespoir.

FANCHETTE

V'là donc l'grand mot lâché, ah! j'allons joliment conter ça à la veillée.

MAYEUX.

M. Bernard, vous êtes un brave homme! (*à part*). Il n'y

a rien de si pernicieux en affaire que la sensibilité. (*haut*). Vous devriez alors vous livrer à des inventions qui ne fissent de tort à personne, par exemple, des socs de charues, des semoirs, des herses...

BERNARD.

J'ai remarqué dans une des salles, le modèle d'une machine qui ne laisse rien à désirer en ce genre. L'auteur d'une telle invention, mérite plus que tout autre l'estime de ses concitoyens.

MAYEUX.

Dans quelle salle donc ?

BERNARD.

Dans la première.

MAYEUX.

Comment! je ne me souviens pas...

BERNARD.

J'ai tout lieu de penser que la modestie de l'auteur, ou peut-être sa pauvreté, l'ont empéché d'établir sa machine en grand.

MAYEUX, *à part.*

Ah! mon dieu, j'ai un pressentiment qu'il y a un bon coup à faire.

BERNARD.

Je serais enchanté de savoir qui a pu faire cette découverte.

MAYEUX.

C'est facile, je l'apprendrai aisément.

BERNARD.

Rendons-nous dans les salles.

MAYEUX.

Volontiers.

BERNARD.

Blaisot! Fanchette! je reviens.

FANCHETTE.

Ah! allez, je ne suis pas pressée, j'ons à jaser avec Blaisot.

MAYEUX.

Air : *Du Méléagre Champenois.*

Allons, allons, retournons au Louvre,
Et spéculons sur nos esprits profonds,
Venez, monsieur. (*à part*). Déjà mon cœur s'ouvre
Au doux espoir de centupler mes fonds.

BERNARD.

Soit, j'y consens et vous montre la route,
Je sens déjà mes jambes fléchir, mais
Je puis braver cinquante ans et la goutte,
Pour visiter un chef-d'œuvre français.

MAYEUX.

Allons, allons, etc.

BERNARD.

Allons, allons, retournons au Louvre,
Et vous serez satisfait, j'en répond ;
A l'espérance, ici mon cœur s'ouvre,
Je connaîtrai cet inventeur profond.

(*Ils sortent*).

SCÈNE XVI.

FANCHETTE, BLAISOT.

BLAISOT.

Oui, qu'ils aillent, qu'ils aillent, je n'ai pas envie d'y retourner... ah ! si tu savais comme j'ai été mis dedans là dedans, avec les poupées qui parlent...

Air : *Français relisez vos tablettes.*

J'apperçus un petit enfant,
Disant papa, maman, ma bonne,
Il se tenait ben sagement,
Assis comm' une grande personne ;
Moi, je voulus le caresser,
Il semblait gaîment me sourire, (*bis*).
Mais, j'vis quand il fallut me baisser,
Que c' gentil marmot était d'cire.

Toi, qu'as-tu donc à me dire ?

FANCHETTE.

Queuque chose qui n'te fera pas de la peine, va. (*Elle tire une fiole de sa poche et déroule une grande affiche*). Lis-moi ça, mon p'tit Blaisot.

BLAISOT.

Tu sais ben qu'je n'sais pas.

FANCHETTE.

Raison de plus, lis toujours, les lettres sont assez grosses. Tiens, regarde. Merveille ! triomphe ! plus de perruques ! plus de faux-toupets !

BLAISOT.

Eh ! ben, queuque ça signifie ?

FANCHETTE,

Avec cette eau Merveille, qu'un coiffeur chimique a composée, on change la couleur des cheveux. D'un blond, on en fait un brun ; d'un gris, on en fait un noir...

BLAISOT.

Et d'un roux ?

FANCHETTE.

On en fait un châtain.

BLAISOT.

C'est pas si bête ça.

FANCHETTE.

J'l'ons jugé d'même, et j'ons acheté c'te petite fiole pour te faire plaisir. Allons, ôte ton chapiau et mets bas ton bel habit. J'vas t'enjoliver.

Air : *En revenant de Charenton.*

Ma bouteille
Fera merveille,
J'te conseille,
D'l'essayer, Blaisot,
Je vais te frotter, aussitôt
Tu cesseras d'être rougeot ;
Là bas, dans c'te p'tit' boutique,
Viens, que je t'applique,
Cett' liqueur unique,
Pour mes quinz' sous j'veux
Te faire de beaux cheveux.

(*Elle l'entraîne*).

BLAISOT.

La bouteille,
F'ra-t-ell' merveille,
J'te conseille
De ben teindre Blaisot.

(*Ils sortent*).

SCÈNE XVII.

MARTIN, St.-ELME.

MARTIN.

Eh ! bien, St.-Elme, où allez-vous donc ?

ST.-ELME.

Vous pensez bien que je ne puis pas rester dans une telle exposition. Notre nation, ma parole d'honneur, n'entend absolument rien au travail des arts... il faut aller chez l'étranger, mon ami, pour ne pas perdre son admiration.

MARTIN.

Je crois au contraire qu'il ne faut pas sortir de chez nous.

ST.-ELME.

Erreur ! erreur ! préjugé national, mon cher. Moi, je n'estime que les produits de nos voisins. Mes souliers sont en veau du Kamchatka, mes bas ont été tissus par une main anglaise, mon pantalon est en coutil russe, mon gilet en batiste d'Ecosse, mon mouchoir est en lin de la Nouvelle-Zélande, mon habit du plus fin Ségovie, mes gants et mon chapeau viennent en ligne directe des lacs du Canada, et mon bambou des bords du Gange.

MARTIN.

Moi ! je ne vais pas si loin, ma chaussure vient du faubourg St.-Marceau, mon pantalon de Rouen, mon habit est en bon Elbeuf, mon chapeau a été fabriqué à Lyon, mes gants sont de Grenoble, et je prends ma canne sur le pontneuf.

ST.-ELME.

C'est que vous ne tenez pas à la qualité, mon cher Martin... que trouvez-vous donc de si beau au Louvre ?

MARTIN.

Et vous, qu'y trouvez-vous de mal ?

ST.-ELME

Je ne vous le dirai pas précisément, je n'ai jeté qu'un regard superficiel, un coup-d'œil de société, je suis piqué au vif d'ailleurs. Il n'y a pas une seule découverte pour les élégans. On dirait que les inventeurs ne s'apperçoivent pas de notre poids dans la balance sociale.

MARTIN

Il est vrai que vous êtes prodigieusement léger.

ST.-ELME.

J'espérais trouver au moins des éperons harmoniques, une édition de poche de l'Encyclopédie, une cravache balsamique en pâte du sérail, un cabriolet éclairé par le gaz, etc., etc. Pour un amateur de billard, il n'y a pas même une queue à procédé... je n'ai apperçu que trois objets d'une nécessité absolue.. ce sont les bagues en fer qui guérissent des palpitations.. les échelles en ficelle, très-agréables pour les amans... et les corsets élastiques de madame Mayer, qui donnent à nos belles une taille imperceptible. Il y a cependant un autre objet encore à remarquer, c'est un ameublement complet en fer-blanc, ou plutôt en moiré métallique, qui se démonte à volonté, dé-

couverte précieuse pour les personnes sujettes à déménager
incognito.

Air : *Et les devoirs de la chevalerie.*

Chaque plaque en rouleau se plie,
Et grâce à ce nouveau travail,
D'un transport qui toujours ennuie,
On n'aura plus l'épouvantail.
Si, d'un créancier incommode,
On veut s'éloigner sans fracas,
Dans sa poche on met sa commode,
Son secrétaire sous le bras.

Mon dieu! accorder un mois pour voir tout cela, c'est l'affaire de cinq minutes pour un observateur.

MARTIN.

Moi, je trouve qu'il faudrait dix années pour admirer en
détail les tributs que plus de deux mille de nos concitoyens
offrent cette année à la patrie. N'admirez vous pas ces meubles
en bois français, qui nous mettent dans la possibilité de nous
passer des bois étrangers! et ces tableaux sur tous les métaux!
et ces planches de cuivre laminé, dont la dimension prodi-
gieuse permettra à nos peintres célèbres d'y placer leurs ou-
vrages immortels... et les décors d'architecture; les travaux
de l'imprimerie, de l'horlogerie (1); les tissus dans lesquels
nous utilisons la dépouille de tous les animaux! notre bijou-
terie d'acier, les mosaïques (2), et les peintures sur velours!

ST.-ELME.

Je n'ai rien vu de tout cela. Est-ce dans la salle des produits
alimentaires ?

MARTIN.

Et les meubles en bois fondu (3).

ST.-ELME.

En bois fondu, ah! laissez-donc.

MARTIN.

En bois fondu... Imitant toutes les nuances des marbres les
plus beaux.

ST.-ELME.

Mais cela doit-être délicieux, charmant, mon ami, vous
me réconciliez presque avec les arts.

MARTIN.

Venez avec moi, et vous apprendrez à admirer.

(1) Voir la Notice.
(2) *Idem.* (3) *Idem.*

ST.-ELME.

Comment donc, avec le plus grand plaisir, vous ne pouvez m'obliger plus sensiblement.

Air : *Du Renégat.*

Allons, mon cher, guidez-moi donc,
Soyez mon mentor, je vous prie,
Et délivrez-moi le pardon
De ma fâcheuse étourderie.

MARTIN.

Pour les tissus, ayez bien l'œil du lynx,
En mécanique ayez l'esprit du sphinx.

ST.-ELME.

A vos soins, mon cher, je me laisse.

MARTIN.

Je vais bientôt vous corriger,
Et prouver que notre richesse
Vaut bien celle de l'étranger.

MARTIN, ST.-ELME.

Notre richesse,
Vaut bien celle de l'étranger.

SCÈNE XVIII.

FANCHETTE, BLAISOT.

BLAISOT, *avec une perruque teinte en noir d'un côté.*
Et tu dis donc que j'suis châtain.

FANCHETTE.

A moitié, parce que la fiole est vide... ah ! v'là tout not'
monde qui arrive.

SCÈNE XIX.

BERNARD, MAYEUX, JOSÉPHINE, EUGÈNE,
M. ET MAD BONNOT, ST.-LÉGER, CONSTANCE,
FANCHETTE, BLAISOT, et à la fin, MARTIN,
ST.-ELME et FINOT.

Chœur d'entrée.

Air : *Des épaulettes.*

De jour en jour notre pays prospère,
Avec orgueil célébrons ses succès ;
Par le courage, il est grand dans la guerre,
Par son génie, il est grand dans la paix,
Honneur aux arts et gloire au nom Français.

(Madame et M. Bonnot, Joséphine, St.-Léger, Cons-
tance, etc., sont occupés dans le fond à regarder le ca-
chemire et les fleurs en baleine).

MAYEUX, *montrant Eugène.*

Tenez, M. Bernard, voilà l'inventeur... (*A Eugène*).
Mon cher neveu, puise dans ma bourse, je t'ouvre un crédit
de 20,000 francs.

EUGÈNE, *sans voir Bernard.*

Mon oncle, il n'est plus temps, j'ai trouvé des fonds.

MAYEUX.

Je m'en doutais.

EUGÈNE.

Je vais maintenant...

BERNARD.

Comment, c'est vous, M. Eugène, qui avez exposé la
machine N°. 2043 ?

EUGÈNE.

Oui, monsieur.

BERNARD.

Votre fortune est faite.

MAYEUX.

Et moi, qui ne suis pas de l'opération !

FANCHETTE.

Il paraît qu'il a parlé au papa.

BERNARD.

Votre découverte est superbe, ah ! que ne donnerais-je pas
pour avoir un fils comme vous.

MAYEUX.

La chose est facile. (*à part*). Il y a peut-être encore une
affaire. (*à Eugène*). Dis donc, Eugène, me donnes-tu le
quart dans les bénifices, si je parle pour toi.

EUGÈNE.

Je vous remercie.

BERNARD.

Persévérez, jeune homme, un succès encourage.

FANCHETTE.

N'est-ce pas, monsieur, que vous le recevrez avec plaisir
à Villeneuve St.-George?

BERNARD.

Certainement, Fanchette, il peut regarder ma maison comme la sienne.

FANCHETTE.

Mais, dites donc, est-ce qu'il ne pourrait pas r'garder votre fille comme sa femme.

BERNARD.

Ça ne serait peut-être pas l'avis de Joséphine.

FANCHETTE.

Il m'est à croire qu'ça n'lui déplairait pas, tenez, v'là mademoiselle, demandez-lui plutôt.

EUGÈNE.

Vous combleriez le plus ardent de mes vœux.
(*Tous les personnages qui sont dans fond approchent*).

BERNARD, *montrant Joséphine.*

Je vous présente la femme d'un de nos premiers mécaniciens.

JOSÉPHINE.

Quoi, mon père?

BERNARD.

Je vous unis, sauf à toi à refuser, si l'engagement te déplaît.

FANCHETTE.

Eh! ben oui, le plus souvent qu'elle le rompra.

BERNARD.

Je fais les fiancailles sous le vestibule du Louvre.

MARTIN, *arrivant chargé de prospectus.*

Nous trouverons ici de quoi composer un joli trousseau, je m'en charge. Tenez, M. Finot, j'ai fait pour vous une provision de prospectus et d'adresses de nos fabricans.

FINOT.

Donnez, donnez, je vais chercher à me glisser là-dedans.

MARTIN.

C'est bien difficile. Ces messieurs n'ont rien laissé à perfectionner cette année, ah! c'est bien beau... la France est le sol du génie et la première école des arts.

(*Reprendre le chœur du commencement de la scène*).

De jour en jour, etc.

VAUDEVILLE.

FANCHETTE.

Air : *Il faut que ça finisse.*
Pour les nourric's, j'ons vu l'travaux
D'une nouvell' voiture,
L'enfant s'suspend et chaqu' cahos
Berc' la p'tite créature.

ST -ELME.

La vapeur fait moudre un moulin,
Par elle un bateau file,
Je crois qu'en France dès demain,
Le vent est inutile.

CONSTANCE.

Grâce aux opticiens d'ici,
Nous pourrons donc chacune,
Suivre les astres comme si
Nous habitions la lune.

ST.-LÉGER.

Chacun va connaître ses droits,
Et braver la basoche,
Car, on réimprime nos lois
Sur les mouchoirs de poche.

BLAISOT.

J'ons vu d'admirables tapis,
L'orgueil de nos fabriques,
On peut dans chacun des plus p'tits,
Fair' quat' schals magnifiques.

MARTIN.

On voit un tissu nous offrir,
Une image chérie,
Un Bourbon sourit de plaisir,
La France est sa patrie.

MAD. BONNOT.

Où sait imiter chaque fleur,
En sucre , en angélique,
Le peuple, grâce au confiseur,
Saura la botanique.

BONNOT.

Pour les parfems c'est un trésor
Que le Bazar nous donne.
(*à sa femme*).
Grâce à lui vous êtes encor
Une rose d'automne.

MAYEUX.

On voit d'un habile fondeur,
Un nouveau caractère,
Pour l'essayer avec honneur,
Réimprimez Molière.

EUGÈNE.

On voit des sabres qu'en essais,
Un fourbisseur nous donne,
Des armes que tient un Français,
La trempe est toujours bonne.

FANCHETTE , *au public.*

Pour cet ouvrage nos auteurs
Ont droit à l'indulgence,
Car ils ont mêlé quelques fleurs
Aux lauriers de la France.

FIN.

Nota. Le timbre du sixième couplet est :
En proie au noir chagrin.

NOTICE.

Fleurs en Baleine.

Si j'étais papillon, je viendrais m'y poser. (page 15).

M. Achille de Bernardière pourrait prétendre au triomphe qu'obtînt ce fameux peintre de l'antiquité, qui vit des oiseaux, trompés par l'apparence, becqueter une corbeille de fruits sortie de ses pinceaux. Il est impossible d'imiter la nature avec tous ses caprices, plus ingénieusement que ne la fait l'inventeur des fleurs en baleine; sa découverte fixera longtemps la capricieuse déesse de la mode. La baleine a sur la baptiste un avantage, en ce qu'elle brave l'influence de l'atmosphère, ne craint ici l'humidité ni la pluie, la poussière colorée du carreau ou du parquet, qui s'empreint facilement dans la matière des autres fleurs, ne peut pénétrer dans le tissu animal.

C'est pendant dix années de captivité en Angleterre, que M. Achille de Bernardière, aspirant de marine, s'occupait d'enrichir la France d'une nouvelle branche d'industrie; rendu à la liberté, sa philantropie lui donna la pensée de faire travailler dans les maisons de détention le coupable que la loi a séquestré de la société; nos dames se chargeront de payer la dette que la reconnaissance doit au génie et à l'humanité de M. de Bernardière. Nous conseillons à cet estimable citoyen, d'exécuter ce que M. Bossange a fait pour la librairie, M. Mayer pour les parfums, et de faire une exposition perpétuelle de ses fleurs. Sa galerie, le plus beau jardin de la terre, sera digne des *visiteuses* qui y feront de féquentes promenades.

Corsets élastiques de Mᵐᵉ. Mayer. (page 26).

On ne saurait trop recommander l'usage d'un corset de ce genre aux dames, tant à cause de son élégance et de sa solidité, que parce qu'il n'entre dans sa construction, ni baleine, ni autres corps durs, qu'il n'est composé que d'élastiques et de ganses fixées d'une manière ingénieuse, et que la pression de ce corset ne peut nuire aucunement au développement du corps. La prudence doit en prescrire l'acquisition aux mères de famille et aux institutrices.

Les ateliers de Mᵐᵉ. Mayer sont rue Montmartre, au coin du Boulevard, maison du magasin de la Lampe merveilleuse, Nᵒ. 182.

Bois fondu, imitant les nuances des marbres les plus beaux.
(page 27).

L'inventeur, dans la crainte sans doute des *perfectionneurs*, a caché le secret de sa découverte, sous le nom de *Stuc ligneux;* qu'il soit parvenu ou non a obtenir du bois en fusion, cette invention n'en n'est pas moins admirable. Le marbre n'est pas plus beau que celui formé par la pâte ligneuse qui recouvre les meubles exposés cette année au Louvre ; elle a cela d'avantageux, qu'elle peut être rabotée, et offre toujours les mêmes dessins; nous croyons cependant qu'on peut l'employer plus convenablement qu'en meubles, en la faisant servir sur les boiseries des appartemens, les parquets, les trumeaux de cheminées, etc., etc., car nos petites maîtresses s'accoutumeraient difficilement pendant les rigueurs de l'hiver, à toucher un piano, ou à se placer sur un lit de repos qui leur semblerait de marbre.

Cette invention ainsi que beaucoup d'autres a fait naître la question de savoir, si *l'acquéreur d'une découverte peut obtenir une médaille au détriment de l'inventeur.* En attendant la solution de ce problème, nous rendons hommage à M. Braye, natif de Commerci, véritable inventeur du Stuc ligneux, et nous ferons connaître que le marchand de toiles et taffetas cirés, qui reçoit au Louvre les félicitations des connaisseurs, ne doit avoir que le titre de *fabricant*, mot qui n'est pas synonime d'*inventeur.*

Parfums.

Grâce à lui, vous êtes encor
Une rose d'automne. page 32).

Nous n'avons plus rien a envier aux produits embaumés de l'Orient, M. Maver a conçu l'heureuse idée d'ouvrir à Paris, dans la rue des Fossés-Montmartre, N°. 2, un *Bazar des parfums*, pour fixer l'attention publique, il eut pu s'épargner les frais d'une affiche qui lutte en grandeur avec celle de *l'Eau Merveille*, il suffisait de connaître la qualité de ses parfums, la galanterie des noms dont il les a baptisés, la modicité des prix, pour attirer à son Bazar une foule avide des curiosités de ce genre. La chevelure, le teint, la peau, peuvent y trouver de puissans auxiliaires; enfin, il n'est personne, qui se rendant au bain, dans les cercles, ou dans les bals, ne soit dans l'obligation d'employer ses produits chimiques.

Adamantoïdes ou faux diamans.

Nous nous étions proposés d'insérer dans notre vaudeville, à la louange de M. Bourguignon, Jouaillier, rue de la Paix, le couplet suivant, qui rendait hommage à la composition faite par lui, d'une pierre qu'il nomme *Adamantoïde*, imitant le diamant, les bornes prescrites à une pièce en un acte, nous ont contraint de le retrancher.

Air : *Restez, restez, troupe jolie.*

L'art triomphe de la nature,
Un lapidaire à la beauté,
Peut composer une parure...
Le diamant est imité!!!
Mais l'envie....... *ables*,
Seule blâmera leurs défauts,
Car les diamaus véritables,
Sont bien moins brillans que les faux.

Mosaïques.

M. Simonetti, rue St.-Sébastien, N°. 46, a exposé plusieurs tableaux en mosaïque, l'un représente le panthéon d'Agrippa, et est digne de son objet, l'autre appelé la grotte de Neptune, est remarquable par une richesse de détails, qui prouve l'imagination fertile de son exécuteur; le troisième tableau, digne en tout des autres, est encore d'une hardiesse plus étonnante, le personnage d'Argus qui présentait tant de difficulté dans l'exécution, est vraiment un chef-d'œuvre genre, les couleurs sont mariées avec un art infini, la difficulté des ombres est vaincue avec un talent remarquable, et l'enchassement des pierres est déguisé avec une telle adresse, que l'on croit voir une peinture sur toile; nous regrettons bien sincèrement que l'exposition n'ait pas été différée de quelques mois, les amateurs eussent admiré *Marius à Minturne*, tableau supérieur à tout ce qui a paru dans ce genre, auquel M. Simonnetti consacre ses veilles.

Horlogerie. — MM. Berolla, Clairet et Tissot.

Quand M. Berolla, rue Grenetta, N°. 4, n'eut fait dans l'horlogerie, qu'une heureuse alliance du bronze et de l'acajou, il mériterait déjà une place distinguée parmi ceux qui ont exposé cette année, mais le talent remarquable qu'il a déployé dans ses pendules à sujet, la hardiesse de sa composition et le fini de son exécution, le mettrait au premier rang.

M. Clairet, rue des Mauvais Garçons St.-Jean, N°. 9,

soutient honorablement le parallèle avec le précédent, sa pendule en acajou, à colonnes cauelées, est d'une originalité attrayante.

Ennemi du luxe, consacrant ses veilles à la petite propriété, M. Tissot, rue St.-Denis, a offert à l'admiration des amateurs, plusieurs horloges d'une simplicité extrême et d'un prix tellement exigu, que le hameau le plus pauvre peut en faire l'acquisition. On peut en admirer quelques unes en remontant les bords de la Seine, au pavillon de Ste-Assise et dans plusieurs villages environnans. Un ex-ministre de l'intérieur avait manifesté l'envie d'en voir établir dans tous les villages de France.

Marmittes économiques au gaz.

M. de Sabarotti a prouvé, par une expérience chimique, que la viande, cuite dans une marmitte économique, loin de se dessécher conservait sa fraîcheur, si l'on mêlait au bouillon une quantité d'hydrogène égale au volume d'eau.

Écrans pittoresques. — Huile nouvelle. — Pièce de Toile.

M. Allioy fils. Une maladie grave l'a empêché de soumettre au jury une découverte chimique et mécanique d'écrans, représentant divers paysages en temps de neige, qui par une métamorphose subite changent le deuil de la nature en un printemps délicieux.

Le même aurait offert un échantillon de toile, faite avec le lin de la Nouvelle-Zélande. (Formosum tenax).

Il aurait en outre soumis à l'examen, une huile faite avec l'Arrachide (arrachis hypogea) cultivée en France.

Cachemires Français.

La cause qui a fait retrancher le couplet en faveur des pierres adamantoïdes, a motivé la suppression de celui sur les cachemires. Nous devons cependant l'adresser à M. Ternaux, comme un tribut d'admiration.

Air : *De la sentinelle.*

Gloire au talent qui ravit le secret
De ces tissus, richesse de l'Asie ;
Un fabricant dans l'ombre préparait
Un beau triomphe à sa noble industrie.
Du Thibet un des habitans,
Au Louvre, hier, trompé par l'apparence,
En voyant nos tissus charmans,
Demandait par quels bâtimens
Ils étaient arrivés en France.

www.ingramcontent.com/pod-product-compliance
Lightning Source LLC
LaVergne TN
LVHW020057090426
835510LV00040B/1747